Lothar
Charlie
Für Charlie
und Lothar
mit einem lieben
Gruß!
April 2002

Henrike Wilson · Nureeni Träbing

Zugvögel

Henrike Wilson, geboren 1961 in Köln, studierte Grafik-Design in Köln und Malerei in den USA. Heute lebt sie als freischaffende Illustratorin im Taunus. *Zugvögel* ist ihr erstes Bilderbuch bei Beltz & Gelberg.

Nureeni Träbing, geboren 1961 in Dunedin, Neuseeland, studierte Germanistik und Psychologie an der dortigen Otago University. Seit 1986 lebt und arbeitet sie als Übersetzerin und Verlagsangestellte in Frankfurt.

Für Lucas, Garrit, Edward
H.W.

Für Axel und Janet
N.T.

www.beltz.de

Programm Beltz & Gelberg, Weinheim

Einband: Henrike Wilson
Einbandtypographie: Max Bartholl
Neue Rechtschreibung
Litho: Photolitho AG, Gossau, Zürich
Printed in Belgium
ISBN 3 407 79281 6
1 2 3 4 5 05 04 03 02 01

Henrike Wilson · Nureeni Träbing

Zugvögel

BELTZ
& Gelberg

Es war einmal ein netter Kerl. Er hieß Arno.
Arno liebte Tiere und Blumen und Käfer.

In seinem Lieblingskäfer und mit
seinem Hund Wolfgang machte
Arno gern Ausflüge in die Natur.

Steinpilz
rettet den
Hallimasch!
solle
lebe

Arno versuchte zu helfen, wo er konnte. Als er in der Zeitung las, dass eine bestimmte Pilzsorte vom Aussterben bedroht war, rief er seine Freunde und Bekannten an und sie versammelten sich vor dem Rathaus und protestierten.

Eines Abends, als Arno und Wolfgang von der Arbeit nach Hause kamen, hörten sie einen Riesenkrach.
Im Baum vor ihrem Haus saß ein Schwarm Vögel und zwitscherte sich die Seele aus dem Leib.
Arno wusste sofort Bescheid. »Wolfgang«, sagte er, »die Vögel haben den Vogelzug in den Süden verpasst. Wenn sie hier draußen bleiben, werden sie erfrieren. Wir müssen was tun!«
Wolfgang bellte zustimmend, obwohl er sich fragte, warum es für Vögel wohl Extrazüge gab.

Arno und Wolfgang beschlossen, den Vögeln Unterschlupf zu gewähren. Einen Vogel nach dem anderen holte Arno vom Baum und Wolfgang trug sie in der Einkaufstasche die Treppe hoch. Es waren so viele, dass Arno und Wolfgang Stunden brauchten, bis sie alle in der Wohnung hatten.

Und dann wurde es laut. Sehr laut. Und sehr eng. Arno und Wolfgang waren froh, dass es den Vögeln so gut ging. Aber vielleicht war die Wohnung doch ein bisschen zu klein für so viele Gäste.
Die Vögel schien das nicht zu stören. Sie sahen fern und kochten oder lasen und zwitscherten vor Glück.

Als Arno am nächsten Tag vom Vogelfutterkaufen kam, hatte Wolfgang sich mit der Katze Sigrid aus dem Erdgeschoss angefreundet. Arno mochte es erst gar nicht glauben. Die beiden konnten sich sonst nicht leiden. Jetzt standen sie zusammen auf der Straße und schauten zu Arnos Wohnung hinauf. Aus der kam ein Höllenkrach.

Die Wohnung war zu klein, die Vögel waren zu laut und Arno hatte eine Idee: Er teilte seinen Gästen mit, dass er sie in den Süden fahren würde. Dann packte er seinen Koffer.

Die Vögel zwitscherten erst vor Begeisterung, dann klatschten sie mit den Flügeln, wie sie es im Fernsehen bei einem Sinfonie-Konzert gesehen hatten. Für ein paar Minuten hörte man nur ein vornehmes Rascheln in der Wohnung. Dann wieder Krach.

In Arnos Käfer machten sie sich auf die Reise. Es war gar nicht so einfach, die vielen Vögel in dem kleinen Auto unterzubringen, doch alle rückten eng zusammen. Im Süden angekommen ...

... verabschiedeten
sich Arno und
Wolfgang von
ihren Gästen, und
die Vögel hatten
Glück: Ein anderer
Schwarm machte dort
gerade Pause, dem
schlossen sie sich an.
Nach Afrika!

Arno und Wolfgang fuhren nach
Hause und fast ein Jahr verging.
Doch eines Tages kamen sie nach
Hause, es war wieder Herbst und
da ...

Was für eine Überraschung!

Anmerkung:
Diese Geschichte ist nicht frei erfunden – es gab mal einen, der vor vielen Jahren von der schönen Stadt Freiburg aus Zugvögel in seinem ausgebeulten Käfer nach Süden transportierte.